폭력

사람, 동식물, 물건 들을 주먹이나 발 또는 몽둥이,
무기 따위의 도구를 써서 사납고 거칠게 대하는 힘과
말(언어)로 욕하는 것.

지은이 **페르닐라 스탈펠트**

1962년 스웨덴의 외레브로라는 곳에서 태어났어요. 대학에서 문화학과 예술학을 공부한 뒤에 박물관에서 어린이들에게 현대미술을 가르치는 일을 했습니다.

1997년부터 그림책 작가로 활동하면서 《죽으면 어떻게 돼요?》《세상으로 나온 똥》《두들겨패줄 거야》 등 많은 그림책을 쓰고 그려서, 엘사 베스코브상 등의 어린이문학상을 받았어요. 특히 모든 작품에는, 동화책 《삐삐 롱스타킹》을 쓴 작가, 아스트리드 린드그렌을 추모하기 위해 스웨덴 정부가 제정한 국제아동문학상인 아스트리드 린드그렌상이 주어졌습니다.

옮긴이 **이미옥**

경북대학교 독어교육과를 졸업하고 독일 괴팅겐대학교와 경북대학교에서 독문학 석·박사 학위를 받았습니다. 지금은 〈초코북스〉라는 저작권 에이전시를 운영하며 번역가로 활동합니다.
옮긴 책으로 《죽으면 어떻게 돼요?》 등의 처음철학그림책 시리즈, 《괜찮아, 보이는 게 전부는 아니야》 《피카소는 어떤 화가일까?》《미로는 어떤 화가일까》《나는 나야, 그렇지?》 등 60여 권이 있습니다.

처음 철학 그림책

폭력

두들겨 패 줄 거야!

페르닐라 스탈펠트 글 그림 | 이미옥 옮김

시금치

우씨   이씨

세상에는 아주 큰 문제가 있어요.
바로 폭력이지요.
폭력이란 서로 치고받고 싸우는
것이기도 하고요…….

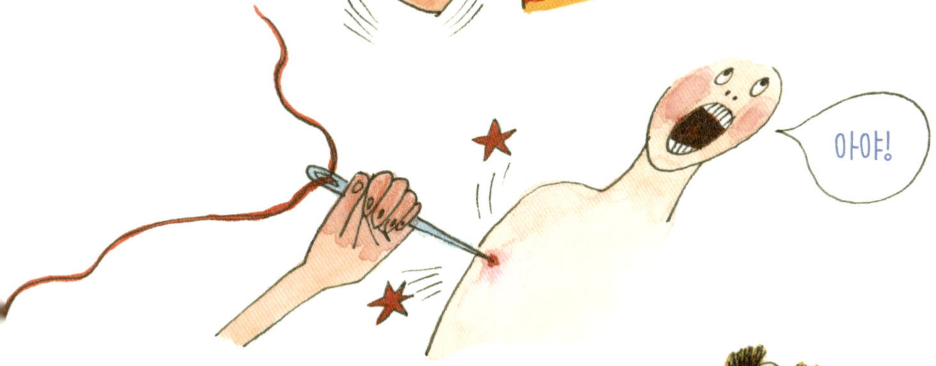

아야!

날카로운 바늘로 찌르는 것이기도
하고요…….

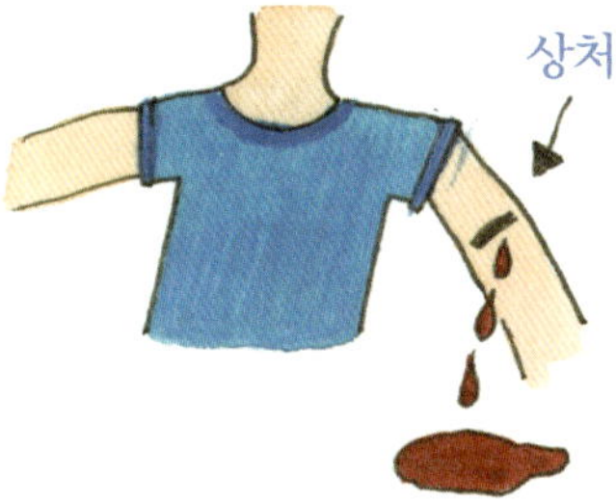

상처

칼로 찌르는 것이기도 해요.

다른 사람에게 소리를 꽥 지르는 것도 폭력이에요.

야!!! 나 엄청 화났다고!!!!

성난 클라우스   밀려가려고 해.

폭력은 나이와 상관없이 나타납니다.

갓난아기는 아직 폭력을 쓰지 않아요.

하지만 한 살, 두 살, 세 살이 되면 폭력이 시작돼요.

놀이터에서 벌어지는 폭력

예쁜 인형 때문에 생기는 일곱 살의 폭력

컴퓨터로 일으키는 열두 살의 폭력

화면에서나 머릿속에서 일어나는 폭력

화면

머릿속 →

생각

죽이자 죽이자 죽이자

근사한 요리를 하는 부엌에서도 폭력은 일어납니다.

욕하고 놀리는 말도 폭력입니다.

일부러 치고 가면
그것도 폭력이랍니다.

역사를 돌아보면 폭력은 늘 있었답니다. 사랑이 늘 있었던 것처럼요.

원시인이 살던 때에도 있었고요.

석기 시대 무기

바이킹이 살던 옛날에도 있었어요.

바이킹의 무기

700년 전에는 똥으로 전쟁을 했어요..

효과좋은 무기, 똥

성을 지키던 기사들은 성안으로 들어가려는 적들에게 똥을 쏟아붓고, 창을 들고 오줌을 뿌렸답니다. 엄청 더럽지요. 그래서 적들이 항복했대요.

200년 전에 살던 아이들은 하인이나 산타클로스 차림을 한 무서운 사람에게 회초리로 매를 맞았어요.

끔찍한 회초리

이런 벌은 끔찍했어요.
이런 것을 '체벌'이라고 했어요.

어른들은 체벌로 아이들을 가르치려고 했어요.

  불쌍한 아이들

요즘은 아이들을 체벌하지 못하게 하는데, 나라마다 조금씩 달라요.

회초리를 들고 있는 보통 아버지

요즘의 아버지

정말 다행이지

무기를 휘두르는 폭력 = 죽을 수 있을 만큼 위험함.

이런 것들 때문에 사람이 죽을 수도 있어요.

우유나 달걀로 일으키는 폭력 = 죽을 만큼 위험하지는 않음.

이런 폭력은 더럽기는 하지만 목숨을 뺏는 것은 아닙니다.

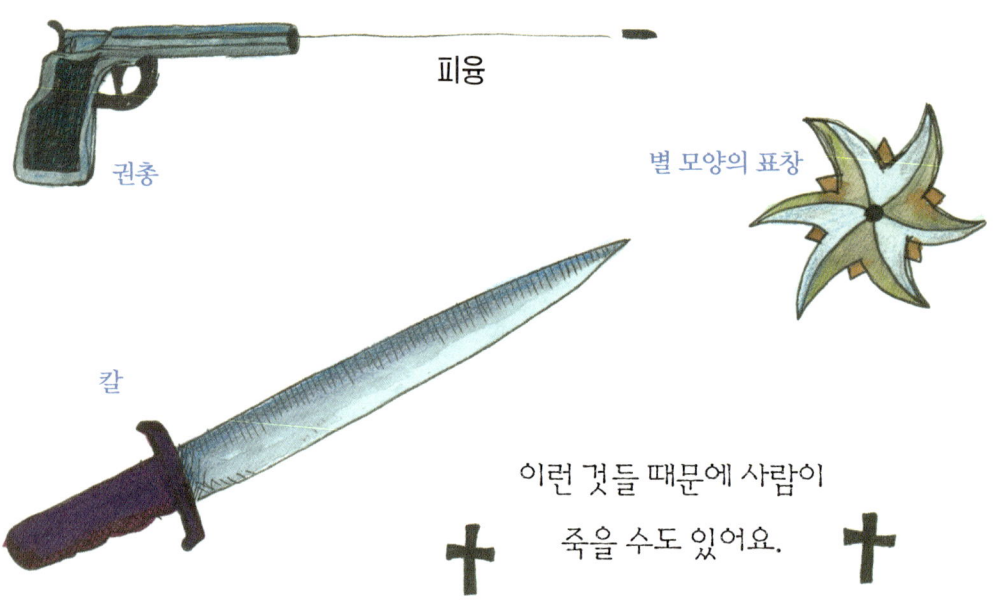

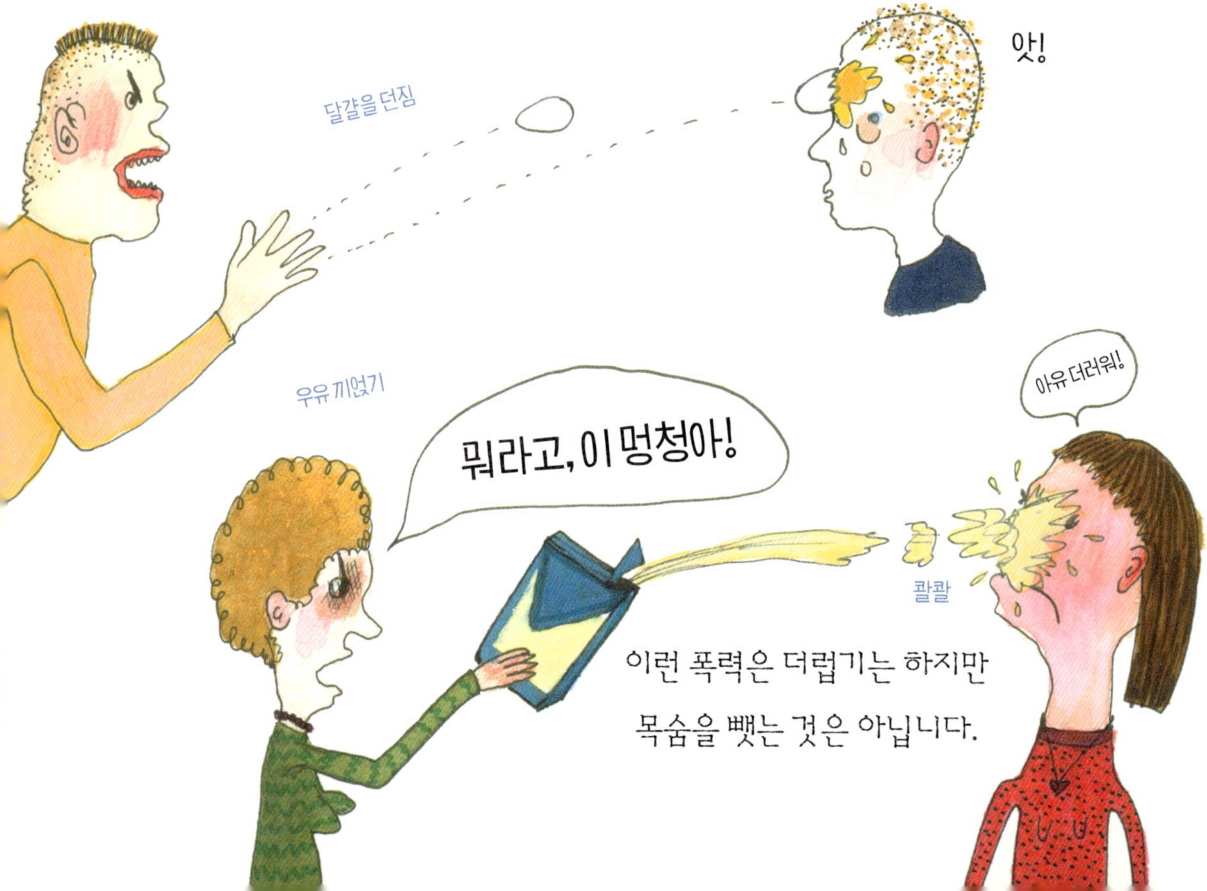

폭력을 당하지 않으려면 어떻게 해야 할까요?
헬멧을 써도 되겠지요…….

 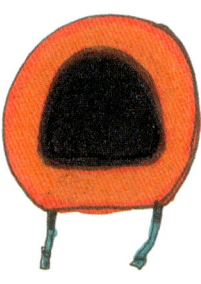

동굴처럼 생겼지만 이래 봬도 헬멧이랍니다.

또는 방패로 막아도 돼요.

총알을 막아 줄 방탄조끼

갑옷

빨리 달리는 말도 도움이 되겠네요.

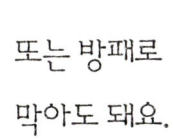

작은 오토바이도 좋아요. 잔인한 사람이 쫓아오지 못하게 이걸 타고 부웅 도망치면 되지요.

멈춰!

콜록

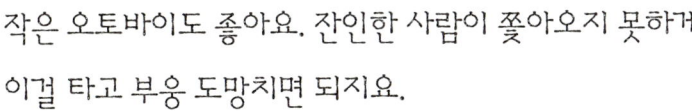

문을 꼭 달고 밖에 나가지 않을 수도 있고요.

이유 없는 폭력도 있어요.

자기는 장난일 수 있지만
다른 사람들은 불안하지요.

반드시 써야만 하는 폭력도 있어요.

모기를 때려잡는 경우

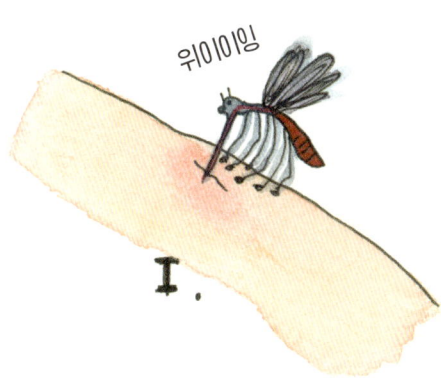

스포츠 경기에서도 폭력이 일어날 수 있어요.

이런 걸 몸싸움 또는 태클이라고 해요.

권투는 허가 받은 폭력이에요.
권투 선수는 상대를 때리기 위해 푹신푹신하고 두꺼운 장갑을 껴요.

하지만 권투 장갑을 끼고 때려도 아프고 쓰러질 수도 있어요.

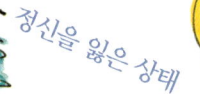

덩치가 비슷한 두 사람이 뒤엉켜
뒹굴고 있는 것은 '레슬링'이에요.
레슬링도 허가 받은 거지요.
레슬링은 스포츠랍니다.

얍 얍 얍 얍

부드러운 매트

덩치 큰 남자가 화가 나서
연약한 여자를 때리는 것은
금지되어 있어요.

아야! 놔줘!
똥 묻은 신발 같은 놈아!

똥 묻은 신발 =

신발에 가득한 똥은 새똥일지 몰라요.

이이얏
탕
프라이팬

또 힘센 여자가 약한 남자를 때려서도 안 돼요.

폭력과 반대인 것들이 있어요.

누군가의 머리 쓰다듬기.

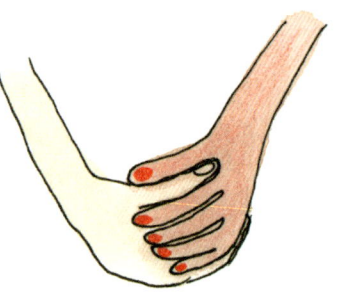
손잡아 주기.

귀에 입맞춤하기.

어려운 사람 도와주기.

넉넉한 것을 나눠 주기

생각이 다른 친구와 타협하기.

다른 사람을 위해
무엇인가 하기.

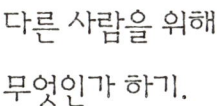

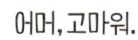

다른 사람 마음 알아주기.

작은 솜뭉치나…….

부드러운 깃털 몇 개도 폭력과는 반대랍니다.

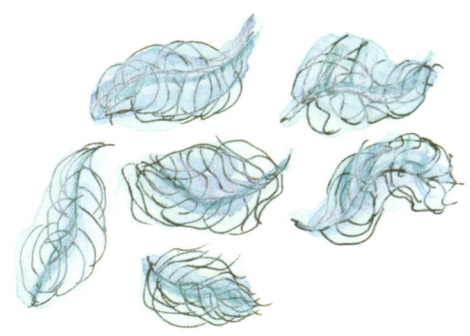

아니면 하늘에 둥둥 떠다니는
민들레씨 하나…….
또는 예쁘게 포장한
초콜릿 상자도
그렇겠지요.

고문은 가장 끔찍한 폭력입니다.

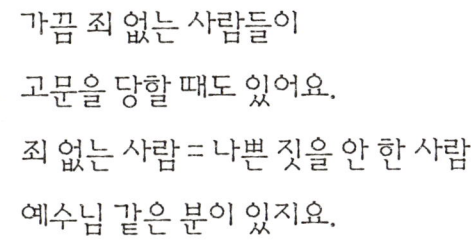

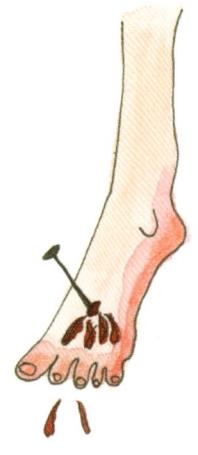

가끔 죄 없는 사람들이
고문을 당할 때도 있어요.
죄 없는 사람 = 나쁜 짓을 안 한 사람.
예수님 같은 분이 있지요.

사람들은 예수님의 손과 발에 못을 박았고
죽을 때까지 십자가에 매달아 두었습니다.

고문을 해도 되는 때는 절대 없고, 언제나 끔찍할 뿐입니다.

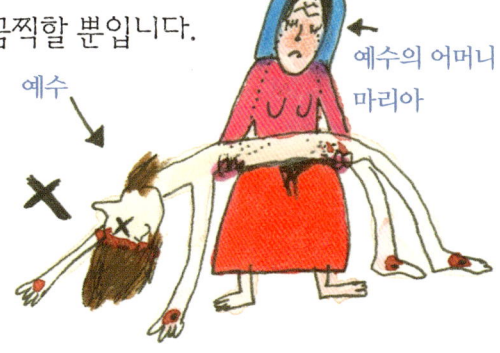

으아아아아

고문을 당하는 사람은 비명을
지르며 울다가 기절하고 결국
죽기도 한답니다.

고통 = 아아아아악.
안 돼, 그만해요! 싫어요! 그만해!
으아악…… 아아윽…… 훌쩍훌쩍……

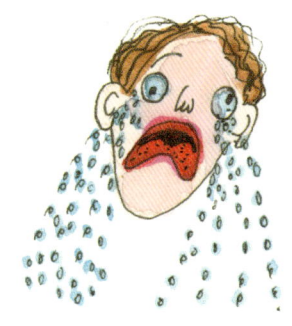

고문을 하는 사람은 힘을 자랑하고
고통과 두려움을 주려는 거예요.

무기를 가지고 군인들이 하는 전쟁도 폭력입니다.

타타타타

펑

전쟁을 일으키는 것은 금지되어 있어요. 하지만 이런 걸 무시하는 사람도 많아요······.

우리는 상관 안 해!

멈춰! 전쟁은 금지되어 있다고!

우리 채소밭을 조심해!

이렇게요.

채소밭

그러면 전쟁이 터집니다.

수많은 사람이 목숨을 잃게 됩니다.

긴 코를 잃은 코끼리도 있어요.

토끼는 귀를 잃었어요.

팔과 다리를 잃어버린 사람들도 있습니다.

가구나 사진 같은 소중한 물건들도 많이 잃지요.

사진첩

바닷가에 놀러갔다가 주워 온 조개껍데기

전쟁이 나면 오래된 아름다운 건물들이 부서지고…….

새로운 건물도 무너집니다.

남은 것이라고는 돌과 쓰레기 더미뿐.

어떤 것도 전쟁 전의 모습으로 되돌릴 수 없어요.

우리의 역사와 환경을 모두 잃어버립니다.

전쟁을 겪은 사람들은 마음속에 어둠이 껴 있기도 합니다.

텅빈상태
또 기억하지 않으려고 애써요.

밤이 되면 끔찍한 꿈에 시달릴 때도 있어요.

모든 것을 다시 만들어야 해요.

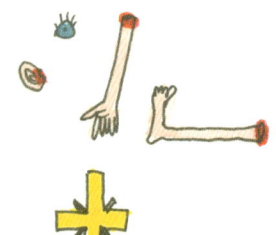
하지만 잃어버린 팔과 다리와 친척들은 찾을 수가 없지요.

전쟁 중에는 마음대로 자유롭게 생각하면
안 되는 사람들도 있답니다…….

하고 싶은 말을 마음대로 하면
안 되는 사람들도 있어요…….

안 그러면 군인에게 죽을 수 있기 때문이에요.

또는 폭탄을 맞아서 죽을 수도 있어요.

사람들은 자기가 살던 땅에서 떠나고 싶어 해요.
전쟁과 폭력이 가득한 곳이 되었으니까요.
지뢰가 군데군데 파묻혀 있어서,
돌아다니다가 폭발로 다치거나
목숨을 잃을 수도 있어요.

다른 나라로 도망가면 좀 더 안전할 수 있어.

만일 우리가 진심을 담아 말하고, 주의 깊게 듣고 느끼고 생각한다면, 말 때문에 폭력이 일어나지는 않을 거예요.

서로 이해하기 = 의견 일치

우리는 폭력을 멈추게 할 수도 있답니다.
폭력과 전쟁을 반대하는 시위를 할 수도 있고요.

시위하기 = 아니라고 말하기

내가 먼저 시작할 수 있답니다……

처음 철학 그림책 〈폭력〉 | 두들겨패줄 거야!

초판 1쇄 발행 2014년 6월 5일 | 3쇄 발행 2020년 4월 1일 | 지은이 페르닐라 스탈펠트 | 옮긴이 이미옥
펴낸이 송영민 | 디자인 달뜸창작실 | 교정 교열 박찬석, 신정숙
펴낸곳 시금치 | 주소 서울시 마포구 잔다리로7길 18, 502호 | 전화 02-725-9401 | 팩시밀리 02-725-9403
전자우편 7259401@naver.com | 홈페이지 www.greenpub.co.kr | 페이스북 www.facebook.com/spinagebook
출판신고 제2019-000104호
ISBN 978-89-92371-25-4 74100
       978-89-92371-22-3(세트)74100

VÅLDBOKEN by Pernilla Stalfelt
© 1999 Rabén & Sjögren, Sweden
Korean translation Copyright © 2014 by GREEN SPINACH PUBLISHING
All rights reserved.
The Korean language edition is published by arrangement with
Rabén & Sjögren Agency, Sweden through MOMO Agency, Seoul.

이 책의 한국어판 저작권은 모모 에이전시를 통해 Rabén & Sjögren Agency 사와의 독점 계약으로 도서출판 시금치에 있습니다.
저작권법에 의해 한국 내에서 보호를 받는 저작물이므로 무단전재와 무단복제를 금합니다.
「이 도서의 국립중앙도서관 출판시도서목록(CIP)은 서지정보유통지원시스템 홈페이지(http://seoji.nl.go.kr)와
국가자료공동목록시스템(http://www.nl.go.kr/kolisnet)에서 이용하실 수 있습니다.(CIP제어번호: CIP2014014782)」

* 어린이 제품 안전특별법에 의한 제품 표시 | 제품명 두들겨패줄 거야! | 제조국명 대한민국 | 제조자명 도서출판 시금치 |
  전화번호 02-725-9401 | 주소 서울시 마포구 잔다리로7길 18, 502호 | 제조연월일 2020년 4월 1일 | 사용연령 36개월 이상

값은 뒤표지에 있습니다. 잘못 만들어진 책은 구입하신 서점에서 바꾸어 드립니다.